KB270892

창비시선 138

박남준 시집

그 숲에 새를 묻지 못한 사람이 있다

창비

차　례

제 1 부　먼 길에서 띄운 배

제 2 부　길 끝에 닿는 사람

제 3 부   상처받은 자에게 쑥부쟁이 꽃잎을

제4부 흰빛에 갇혀

제5부 슬픔도 없이

멀리서 가까이서 쓴다
그 숲에 새를 묻지 못한 사람이 있다
너 거기에 우는 새여
산숲을 내려가며
나무, 그 옛사랑의 상처
먼 길에서 띄운 배
저문 외길에서
가을숲에서 겨울숲까지의 술
겨울밤, 니나 시몬
기다렸으므로 막차를 타지 못한다
기다림이 지는 밤
그 쓸쓸하던 풍경
슬 픔

멀리서 가까이서 쓴다

멀리서 가까이서,
쓴다 사는 일도 어쩌면 그렇게
덧없고 덧없는지
후두둑 눈물처럼 연보라 오동꽃들,
진다 덧없다 덧없이 진다
이를 악물어도 소용없다

모진 바람 불고 비,
밤비 내리는지 처마끝 낙숫물 소리
잎 진 저문 날의 가을숲 같다
여전하다 세상은
이 산중, 아침이면 봄비를 맞은 꽃들 한창이겠다

하릴없다
지는 줄 알면서도 꽃들 피어난다
어쩌랴, 목숨 지기 전엔 이 지상에서 기다려야 할
그리움 남아 있는데 멀리서,

가까이서 쏜다
너에게, 쏜다

그 숲에 새를 묻지 못한
사람이 있다

나 오래 침엽의 숲에 있었다.

건드리기만 해도 감각을 곤두세운 숲의 긴장이 비명
을 지르며 전해오고는 했지. 욕망이 다한 폐허를 택해
숲의 입구에 무릎 꿇고 엎드렸던 시절을 생각한다. 한
때 나의 유년을 비상했던 새는 아직 멀리 묻어둘 수
없어서 가슴 어디께의 빈 무덤으로 잊지 않았는데

숲을 헤매는 동안 지상의 슬픈 언어들과 함께 잔인
한 비밀은 늘어만 갔지. 우울한 시간이 일상을 차지했
고 빛으로 나아갔던 옛날을 스스로 가두었으므로 이끼
들은, 숨어 살아가는 것이라 여겼다. 새를 묻지 못한
사람이 포자의 눈물 같은 습막을 두르고 숲의 어둠을
떠다니고 있다.

너 거기에 우는 새여

밤 깊도록 저 이슬의 숲을 헤매이며 우는 새
날아가라 저기 거기 아득한 불빛 흘러나오는
그곳까지 날아라 그리운 이의 창가
더 내놓을 것 없는 내, 목을 놓아 울어라

산숲을 내려가며

아득하던 사랑 더는 막막할 길 없을 때
산에 들었습니다
언제인가 간 적이 있고
문득 마음은 먼 산그림자 저물도록 바라보던
그곳에 갔습니다

몇번의 겨울숲에 눈 나리고 지다 남은 나무의 숲에
그리움을 걸듯 봄날이라는 이름의 그대 기다리는 동안
눈가에 잔주름도 하나 둘 매달려갔습니다 산 밖에서는
그리움이 되고 귀향의 안식이 되던 것들이 주린 배의
양식이 되고 살아 남기 위한, 땀 흘려야 할 일터가 되
고 한숨이 되고, 무섭도록 외로운 짐승의 밤이 되어
옥죄이기도 했습니다

나무고 풀이고 새이고 물이고, 내 손길 닿지 않은
것 없습니다 나무며 풀이며 새이며 물이며, 그들로 인
해 마음 상하던 날들 많았습니다 한때는 그만 그림자

걸어 끌며 멀리 떠나갈까 한때는 아예 산길을 내려 세
상으로 난 긴 기다림의 길, 거두고 싶은 마음 일지 않
았던 건 아닙니다

　오랫동안 산숲에 머물렀습니다 그립고 그리운 것들,
산중의 삶도 세상사와 다름아니었습니다 관조의 눈을
더 들어 깊어지면 거기, 피어나는 꽃 한 송이 고요를
가르며 비상하는 산새 한 마리의 눈물나는 삶이 있었
습니다 이 작은 작은 모두의 삶들이 모여 이루어진 산
의 일상――떠나온 삶은 없구나

　어디까지 닿아 있는지
　이제 비로소 열리는 산과 산맥
　세상을 내려두고는 무엇도 나를
　긴 늪의 잠에서 눈뜨게 하지 못하는 것임
　오랜 날이 흘러야 했습니다
　이제 사랑을 알 것도 같습니다

참으로 오랜만에 목을 놓아
울었습니다

나무, 그 옛사랑의 상처

목을 매달기에 다시 없었는데, 큰길이 산을 뚫고 그
오랜 나무가 잘려지고 나서야 잊고 있었으므로 비로
소, 옛사랑은 내 목을 더듬거리게 했다. 부르르 나는
몸 떨었다. 바람 부는 산마루의 목을 매단 나무, 떠올
려보았었지. 신라적 은행나무 벼락을 빌어 제 가지를,
목을 맨 가지 쳐내렸다는데 행여, 옛사랑이 찾아와 뚝
뚝 눈물 떨구지 않으리라.

그때부터였다. 뿌리 깊은 나무가 잘려지고 자꾸만,
나는 목덜미에 쥐가 나기 시작했다.

먼 길에서 띄운 배

부는 바람처럼 길을 떠났습니다
갈 곳이 없었던 것은 아닙니다
가 닿을 수 없는 사랑 때문도 더욱 아닙니다
그 길의 길목에서 이런저런
만남의 인연들 맺었습니다

산 넘고 들을 지났습니다
보이지 않는 길 끝에서 발길 돌리며
눈시울 붉히던 낮밤이 있었습니다
그 길가에 하얀 눈 나리고
궂은비 뿌렸습니다
산다는 것이 때로 갈 곳 없이 떠도는
막막한 일이 되었습니다

강가에 이르렀습니다
오래도록 그 강가에 머물렀습니다
이 강도 바다로 이어지겠지요

강물로 흐를 수 없는지
그 강엔 자욱이 물안개 일었습니다

이제 닻을 풀겠어요
어디 둘 길 없는 마음으로
빈 배 하나 띄웠어요
숨이 다하는 날까지 가슴의 큰 병
떠날 리야 있겠어요
제 마음 실어 띄울 수 없었어요
민들레 꽃씨처럼 풀풀이 흩어져
띄워 보낼 마음 하나 남아 있지 않았어요

흘러가겠지요
이미 저는 잊혀진 게지요
아 저의 발길은 내일도
배를 띄운 강가로 이어질 것이어요

저문 외길에서

생각만 해도 가슴이 미어져가는 것
그는 모르는지
길 끝까지 간다
가는데 갔는데

기다려본 사람만이 그 그리움을 안다
무너져내려본 사람만이 이 절망을 안다
저문 외길에서 사내가 운다
소주도 없이 잊혀진 사내가 운다

가을숲에서 겨울숲까지의 술

이제 곧 추위가 시작되고 긴 겨울이 오리라. 단풍의 숲은 어느덧 가고 사랑을 위해 온통 내달려갔던 지난 일들은 더러는 쓸쓸한 술잔이 되어 쓰러져갔다. 더러는 나락으로 자폐되었으며 역류하며 일그러져갔다.

그리하여 춥고도 어둡다. 이제 우리는 얼마나 햇빛의 문 밖으로 걸어나갈 수 있을까. 뜨겁게 타오르던 나무들은 땅속 깊이 슬픔의 뿌리를 더욱 내렸는지, 살아서는 다시 되돌릴 수 없는 시작인데 상처는 뒤틀린 채 몽유의 길로 헤매이고, 겨울숲에 누워 나는 술에 빠져 있다. 바람의 숲이여 마지막 불꽃이여, 설레이는 술잔 기울이며 단풍으로 붉겠다던 시절이 옛날이었는지.

겨울밤, 니나 시몬

겨울밤, 별들은 더없이 푸른 빛, 그 맑은 투명함과 내 삶의 간극을 아득하게 한다. 니나 시몬의 노래가 떠오른다. 깊고도 슬픈, 상처받은 영혼의 검은 절규 같은 그녀의 노래를 들을 때면 그때마다, 갈증은 치밀어 신기루의 상처를 더듬거린다. 잔물결, 이는 슬픔이 두 눈을 안개 속에 묻는다.

깊은 밤, 소줏잔을 털어넣는다. 잠시 후 뱃속 저곳에서부터의 반응, 화르르 번져 올라오는, 갈 수 없는 곳으로 달려가고 싶은 이루어질 수 없는 간절함의 열기, 보이지 않는 동굴의 어둠 아래로부터 피아노의 낮은 건반에 실려 니나 시몬이 울고 있다. 비를 맞고 있다.

두 귀를 울린다. 고문처럼 옥죄인다. 뒤척이다 뒤척여도 지겹게 따라붙는다. 떼어놓을 수 없다. 우울한 그림자, 이미 나는 거울을 볼 수 없는 지 오래, 시계

바늘은 안간힘으로도 오르막길을 넘어서지 못하고 노
래는 자꾸 미끄러지며 적막을 향해 나가지 않는다.

기다렸으므로 막차를 타지 못한다

남은 불빛이 꺼지고 가슴을 찍어내리듯
구멍가게 셔터문이 내려지고
얼마나 흘렀을까
서성이며 발 구르던 사람들도 이젠 보이지 않고
막차는 오지 않는데
언제까지 나는 막차를 기다리는 것일까

춥다 술 취한 사내들의 유행가가 비틀거리다
빈 바람을 남기며 골목을 돌아 사라지고
막차는 오지 않을 것인데 아예
그 자리에 서 있어야 할 것처럼
발길 돌리지 못하고

산다는 것은 어쩌면
오지 않는 막차를 기다리는 일 같은지
막차는 오지 않았던가 아니다
막차를 보낸 후에야 막차를 기다렸던 일만이

살아온 목숨 같아서 밤은 더욱 깊고
다시 막차가 오는 날에도 눈가에 습기 드리운 채
영영 두 발 실을 수 없겠다

기다림이 지는 밤

눈을 감았습니다

당신과의 만남이 첫 만남이어서가 아닙니다

당신과의 이별이

첫 이별이어서도 아니고요

빈 방에 눅눅한 적막이 흐르고

꿈도 없이 무릎 꿇었습니다

이제는 잊자고 잊었었지요

무너지며 무너지며 어깨 들먹였었지요

산숲 가득 바람 불고

눈물 같은 비 젖어오는데

뚝 뚝 감꽃이 지는 밤

멀리 호랑지빠귀 소리가

아득해져갔습니다

이제 사위어질지요

타고 남은 재로 다 타고 남은 재로

그 쓸쓸하던 풍경

길섶에 쑥부쟁이 하얀 취꽃 자욱하게 눈물지고요
한 세월 백발의 머리 풀던 억새들의 목 긴 행렬이
상여길로 서럽게 밀려왔어요
이제 와서 옛사랑을 잊는다고 그리 잊혀지는가요
이름 부르며 이 들길을 걸어 첫눈이라도 올 듯한데
단풍의 숲은 두 눈을 가려 막막한 길을 묻고
옛날은 오지 않는 님처럼 그리웠어요

슬   픔

흰 종이 위에 새라고 쓰고 나는 세상의 흐르는 강물
들이 그러했듯이 별을 향해 걸어갔다. 떡갈나무 작은
숲을 지나 소나무숲의 그늘 아래 내 어린 날개를 묻었
던 애장사리. 숲은 스스로 깊어져 길을 버리고 길이
끝난 곳에 먼저 날아간 새는 별이 되었을까 나는 아직
기억상실증이므로 잊혀졌는데 병으로 얻은 슬픔은 내
별의 중력에 자유로울까 더 가벼워져야겠는데 기다려
야 하나 날아가야겠는데 그때, 무덤 위 와불처럼 피어
난 도라지꽃 한 송이 아 —— 내 날개, 처음 같은 도라
지꽃 그 곁에 누우니 비로소 강물은 흐르고 돌아오는
가 바람을 타고 달려오는 새떼 새떼들. 이제 날개를
돌려줘

흰 종이 위에 새 — 도라지꽃이라고 쓰자 도라지꽃
한 송이 별을 따라 흘러간다

제 2 부

길 끝에 닿는 사람

메아리 부르지 않는다

길을 잃고 헤매었네 숲 깊은 산이었네
소리도 쳐 불렀었네 아무도 없었네
메아리만 메아리만
메아리가 그토록 대답 없는 대답이었는 줄
절망에 이르도록 미쳐 몰랐었네

가슴에 병이 깊으면

　먼산은 언제나 길 밖의 발길로 떠돌았으므로 상여처럼 돌아가는 길가, 등뼈 깊이 봄날이 사무쳐서 어지러운데, 두 눈에 장막은 일어 몸, 휘청이는데 얼마 만인가 마당 가득 풀들은 어느새 저토록 자라났는지, 나먼 길 떠나고 사람 손길 닿지 않으면 이내 저 풀들, 어두운 내 방 방구들에도 솟아나겠지.

　풀을 뽑는다. 한 포기의 풀을 뽑는 일도 마음대로 쉽지 않아서 모질게 다져먹지 않고는 손댈 수 없다. 쇠별꽃 봄맞이꽃 꽃마리 개미자리, 서럽다. 꽃들이 피어난 것들 가만히 들여다보면, 어떤 것은 조금 크고 어떤 것은, 보기에도 안쓰러우리만큼 작고 깨알 같지만 어느 것 하나 눈물나지 않은 것 없어 이 짓이 뭐람, 이 짓이 뭐야, 한 움큼 뽑았던 풀들 놓아버리고 주저앉아 마음 처연한데, 앞숲인지 들려오는 너 두견, 울부짖느나 무너져내리는 새소리.

산중일기

눈이 녹아 흘러내리는 물이어서일까 며칠 전보다 불어난 개울물이 유난히 시리도록 맑다. 상쾌한 세수, 이대로 개울에 엎드려 세수를 하고 있으면 아직껏 나를 에워싸며 떠나지 않는 무거운 상념들 다 씻겨나갈 것 같다.

개울가로 이어진 하얀 눈 위 뚜렷이도 찍혀난 내 발자욱, 왜일까 마치 살아 지나온 내 삶의 어리석고도 남루한 영혼의 무게로 실려 저처럼 따라다니는 것 같으니.

배고픔을 달래기 위해 먹는 밥은 쓸쓸하다.

똑— 똑—낙숫물 소리가 산중 외딴 집의 정적을 더한다. 철커덕 고드름 떨어지는 소리. 겨울 햇살이 저리 눈물나도록 하얗다니.

곤줄박이 한 마리 앙상한 감나무 가지에 앉았다 내가 말을 건네자 저 멀리 몸을 피한다. 소나무숲을 가르며 들려오는 애처로운 먼데 산꿩의 목쉰 울음.

　미동도 없이 천장에 붙어 있는 파리 한 마리, 어쩌
자고 너는 이 겨울 아직껏 살아 그 고생이냐. 밤으론
구들장의 따듯한 덕을 사람이 보고 아침 낮으론 구들
장이 사람 덕을 본다더니
　군불을 지펴야겠군. 올 가을에 들면서부터 나무를
한 짐도 해오지 않았으니 이렇게 나무청이 비어갈 수
밖에. 며칠이나 버틸 수 있을까.

　살아가야 하는가 이렇게도 세상은 목숨을 버틸 만한
것인가 벌써 앞산으로 뉘엿 기우는 해. 키 작은 상수
리나무숲 새로 내려앉던 박새들 뱁새들 집으로 돌아가
는군.
　한 주먹의 쌀을 씻다. 쌀뜨물 냄새를 맡고 달려드는
중태기 몇마리. 그래 옛다 먹어라 씻던 쌀 몇알 흘려
보낸다. 자리끼물을 떠다놓고

혼자 먹는 저문 날의 밥은 눈물난다.

산 아랫마을 주씨 아저씨네 개 짖는 소리. 그래 누가 올지도 몰라 처마끝에 불 걸어 밝혀둔 채 다시 눈을 뜨는 또 하루의 아침.

길 끝에 닿는 사람

다시 나는 먼 길을 떠난다 길은 길로 이어져서 산과
들 강, 저문 날이면 어느 곳엔들 닿지 않으랴, 젊은
꿈과 젊은 밤과 오랜 그리움이 혹여 있을지, 그곳엔들
문을 열면 밤은 더욱 자욱하고 신음소리 쓸쓸하지 않
으랴만

더러는 따뜻했어, 눈발이 그치지 않듯이 내가 잊혀
졌듯이, 이미 흘러온 사람, 지난 것들은 여기까지 밀
려왔는지, 뒤돌아보면 절뚝거리던 발걸음만이 눈 속에
묻혀 흔적없고 문득, 나 어디에 있는가, 어쩌자고, 속
절없이

누군들 길 떠나지 않으랴, 먼 길을 떠난다 흐르는
것은 흐르는 것으로 이어져서 저 바람의 허공, 갈 곳
없이 떠도는 것들도 언제인가, 닿으리라 비로소, 길
끝에 이르러 거친 숨 다하리라, 아득해지리라

새벽잠이 깨어

이제 산 아랫마을 주씨 아저씨네 밤개가 짖어도 어둠을 타고 누군가 산길을 오르지 않으리라. 뒤척이며 뒤척이며 잠 청하는 밤 장지문 밖 겨울 바람은 날 세운 육식동물의 발톱처럼 으르렁거리며 벽과 벽지 사이를 후비며 그때마다, 벽지들은 풀썩풀썩 부풀어오르며 김이 빠지며 용을 써대는데 안간힘으로 찢어져가는데, 쫓기고 아스라한 공중 빌딩에서 내몰리어 발 헛딛는 이건 꿈이야, 날개가 없는데, 허우적거리며 악을 쓰며 깨어나는 으악 악 악몽.

여전하다. 겨울밤은 깊고 바람은, 바람은 어디 불어 갈 곳 없어 문풍지 비집고 들어와 콧잔등 시린 온 방을 헤집고 쿨럭거리고, 높은 곳에서 떨어지면 키가 클 꿈이라고 그 먼 유년의 도깨비 나오는 밤을 토닥이던 외할머니의 품안, 아른거리다 다시 아련해지고.

채 잠 풀리지 않는 눈 더듬어 새벽 담배 태워 물다,

새우처럼 등 굽어 쿨럭거리다 바람과 찢어진 벽지와 내 허파를 생각하다, 정말 클 키가 남아 있을지도 몰라, 혼잣말을 중얼거리다, 이렇게 새벽잠이 깨어 혼잣말을 궁시렁거리는 버릇은 언제부터 생겨났지, 다시 중얼거리다, 늙어가는 징조라는데 귀밑머리 하얀 나이 생각에 빠져들다.

바람이 지는 숲에 잠들겠지

돌아보면 젖은 슬픔의 기억처럼
눈들이 녹지 않고 잔설로 잔설로 분분한데
숲에 누우면 황금빛 솔잎들
저문 날의 노을로 수북이 진 겨울숲에 누우면
허공중에 난데없는
굽이굽이 서늘한 큰 강물줄기

강물로 이는 바람에 귀기울이면
낮은 낮은 목소리 마른 풀잎을 울리는 저
바람이 스쳐온 날들 알 듯도 하네
먼 들의 불빛에도 엎드려 흐느끼던 저주 같은 목숨
언제인가 마른 수숫단처럼 풀썩 무너지며
내 삶의 폐가에 쑥대 우거지던 바람
회오리쳐 아 —— 뒤돌아볼 수 없어
황망한 가슴 쓸어내리며

세상은 고통스러웠어 말하지 않겠어

기억하고 싶지 않아 그 슬픈 노래
많은 날들이 흐르고 내가 어느덧
죽음의 나이에 들어도 묻어둔 채 묻어둔 채
다시 강물로 흐르고 싶지는 않아
비참해

술이 취해 쓰러지겠다
바람이 지는 숲에 잠들겠다
바람은 알겠다 그 숲의 산과 겨울 나무들 위에
눈물의 강줄기가 쉬지 않을 때
한 시절 벼랑 끝에 서 있던
사람의 시간을

꿈길에서도 길은 어긋나고

오랜 길가에 서면 간절하게 밀려오는 사람
비가 내려야 온몸 젖어가는 것은 아니다
나 떠나온 많은 날에도 잠들지 않고
천천히 아주 깊어져서 숲은 잠겨가고
취하지 않고는 갈 수 없다

길 끝에서 돌아오면 산중 가득 눕지 않고 서성이는
어둠들의 그 수목 같은 목 긴 기다림
쓰러지며 내게 안겨 무너져올 파도 같은 울음
차마 볼 수 없어서
서둘러 불 밝힐 수 없어서 발길 돌리면
길은 다시 정처없고

참 아득하다 별들
낡을 대로 이미 바랜 꿈 하나
아름답다 그대만이 나의 그리움이던 목숨이던 날들
갈 곳 없는데 이제 지쳐 돌아갈 수 없는데

왜 나는 아직껏 버리지 못하는 것이냐
비틀거리며 끌어안고
흔들리는 것이냐

등 푸른 산잠

　　밤새 등뼈를 파고 달려드는 냉기로 새우잠을 웅크렸다. 깊은 산중 갈 길 정하여 있어 내일 해가 짧은 것도 아닌데 이루지 못하는 단잠을 두고 잠자리의 심사를 탓하였다. 그래, 벌써 고요와 편안의 산잠을 바란다면 살아온 날들이 비웃겠구나. 쓸쓸한 자조로 일어나 아직 먼 햇살의 밖을 나서니 너도 간밤 추위에 떨었느냐. 허리 굽은 둥굴레 여기저기 가득한데 가만, 바라보니 나 뒤척이던 밤 맑은 개울물 따다 저리 걸었을까. 방울방울 꽃 청청한 경문으로 둥굴레꽃 맺혔구나. 작은 벌레들 낙엽 사이를 헤집고 삶으로 분주하고.

외딴 집

　어느새 처마끝을 긋고 가는 비 낙숫물 소리가 마당을 가르며 흔들린다 헌 장판조각이나마 지붕을 덮어두길 잘했어 분주하던 개미들은 새 집이 더 안전했을까 청개구리는 무덤을 잘 지키고 있었는지 개울물이 좀 불었을 거야 처마쪽으로 받쳐둔 기둥뿌리는 이제 위태로워 보여, 두어 뼘은 잘라내고 새 기둥을 끼워넣어야겠어 톱은 어디다 두었지 작년 겨울 나무하러 갔다가 두고 오지 않았나 그 이후로 톱을 쓴 적이 없었던가 가만, 작년 장마에도 그런 생각을 했었지 재작년에도 아마——— 생각이 들고 거기, 그 생각이 진 자리 무너지고 나면 새 집을 갖게 될지도 몰라 비가 그쳤는데 두꺼비는 어디 갔지 헌 집 헌 집 새 집 새 집

취나물국

늦은 취나물 한 움큼 뜯어다 된장국 끓였다. 아흐
소태, 내뱉으려다 이런, 너 세상의 쓴맛 아직 당당 멀
었구나. 입에 넣고 다시금 새겨 빈 배에 넣으니 어금
니 깊이 배어나는 아련한 곰취의 향기

아, 나 살아오며 두 번 열 번 들여다보지 못하고 얼
마나 잘못 저질렀을까. 두렵다 삶이 다하는 날. 그때
는 또 무엇으로 아프게 날 치려나.

한 나무가 있었네

쉬지 않고 계율처럼 깨어나 흐르는 물소리와 저 아래로부터 일어나 온 산을 감싼 구름으로 두어 발 한세상이 자욱해질 무렵 죽어 쓰러진 나무등걸 모아 불 지핀다. 맵다. 상처처럼 일어나는 연기. 산중 나무 한 그루 태어나 숨 거두기까지 한 생각 그랬겠다 쓸쓸했을 지난날의 외로움이 울먹울먹 피어나서 이렇게 눈물 나게 하는 것인지. 타오르며 전해오는 푸른 나무의 옛날. 불꽃, 참 따듯한 그리움

문득 장자의 나비

　햇빛 아래 얼굴 들 수 없더냐 해 진 밤 불빛을 보고 날아드는 나방떼. 어찌 아름답고 추한 사람의 가름이 있어서 보기에 징그러운데 한순간 불길에 뛰어들어 푸스스 제 몸을 사른다. 저런 쯧쯧, 혀를 차며 부나비 안쓰럽다가 나, 이 세상 불빛에 이끌려 눈멀어 떠도는지 몰라. 꿈인지 꿈인지 문득 장자의 나비

제 3 부

상처받은 자에게 쑥부쟁이 꽃잎을

상처받은 자에게 쑥부쟁이 꽃잎을

쑥부쟁이 그 목 긴 꽃그늘이 바람결에 사위어가는
강길을 따라
가슴에 못을 박은 사랑을 보냈는가
짐승처럼 웅크린 채 한 사내가 울고 있다
언젠가는 사랑에 비하면 오늘의 상처는 턱없이 가벼
우리라
쑥부쟁이꽃들 그 여린 꽃잎 가만가만 풀어 보내
사내의 물결쳐가는 뒷등을 잔잔히 껴안는다

홀아비꽃대가

그러나 나 아직 가슴 저미는 기다림 있어
나지막이 불러보는 이름 하나 있어
백발의 갈기 세워 꽃 피우고 있네

우, 우는가, 우는가 그대
등 작은 사내가 눈길 떨구는 길섶에

참을 수 없는 슬픔

눈물처럼 등꽃이 매달려 있다
모든 생애를 통하여 온몸을 비틀어 죄고
칭칭 휘어 감어 오르지 않으면
몸부림치지 않으면 견딜 수 없는 슬픔의 무게로
다만, 등나무는 등꽃을 내다는 게다
그것이 절망이다 그렇다

등나무는 자학성 식물이다

모시대꽃

꽃이 있어 연보랏빛
작은 종 같은 초롱 같은 꽃등
그렁그렁 달고
눈물처럼 달고
오지 않는 기약없는
그 긴 기다림에
아예 꽃등을 걸어 온몸을 태우는
그 꽃이 오래도록
내 발길을 묶네
저만큼 하루해가
산너울 뚝뚝 떨구며
붉게도 지는 날이었네

단풍으로 지다

병이 깊다 병 밖의 가을도 이미 눈물겨운 지 오래이다
울컥, 붉은 피 선연한 그리움 쏟아 물들였으리라
아찔한 어지럼증 가물거리는데 아득해지는데
어디쯤이어요 이제 더 매달릴 수 없다 단풍이 진다

지는 꽃을 보며

그리움입니다. 산다는 것은 어쩌면 기다림입니다. 벌써 꽃들은 피어서 꽃씨를 맺고 땅 위에 떨어져 흩어지거나, 바람에 날려 다음 봄의 기다림을 안고 어디 어느 모를 곳으로 길 떠나갑니다.

이제 여름과 가을 겨울 비바람과 추위의 긴 나날을 건너야 새싹, 틔울 수 있겠지요. 지는 것은 꽃들만이 아닙니다. 흩어져 떨어지거나 바람에 날려 이리저리 기약없는 길, 떠나는 것은 저 씨앗들만이 아닙니다.

머리 풀은 마음이 먼 산자락을 감고 올라 흩어지는 구름처럼 떠돕니다. 살아 있으면 언제인가 만날 날 있겠지요. 기다림이 다하는 날 말입니다. 그것이 내가 살아가는 이유, 저의 목숨, 내가 건너야 할 오랜 강물입니다.

한 송이의 꽃도

한 포기의 풀을 볼 때 생각했습니다 한 포기의 풀이
꽃을 피울 때 가슴 쓸어내렸습니다 사람이 살아가는
일도 저처럼 꽃피워 지는 것이라면 꽃으로 말입니다
사랑으로 가득 차 피어나는 꽃

꽃 꽃 꽃 꽃 꽃
기다림 끝에 피어납니다
그 사랑으로 피어납니다
가슴 저미는 그리움
그리움 가득 없이는
한 송이의 꽃 피울 수 없습니다
열매 맺지 못합니다

민들레꽃

어김없이 봄은 오고
너는 피어났다
삶이 저렇게
어김없는 것이었다면

작은 씨앗

비가 내린 들녘이 날 품어 안았어요
수줍은 싹을 내밀었구요
눈뜨면 세상은 경이로 다가왔어요
햇빛과 단비와 바람의 노래
그 푸른 생명의 세상 말이에요
때로 목마름으로 불볕의 시간
견뎌야 했어요 버림받은 목숨처럼
불모의 황지에 혼자 남은 느낌이었어요
가을은 쓸쓸했으며 긴 겨울은
아무도 날 찾지 않았으므로
아무도 날 눈여겨보지 않았으므로
견뎌야 했어요 눈물짓던 많은 밤
많은 날들이 강물로 그 물결로
노 저어 갔어요
이제 나는 큰 벌판의 뿌리 깊은 나무
지친 새들이 날아와 작은 작은 꿈을 꾸고
일하는 자의 더운 땀을 식히는

시원한 그늘의 나무
날마다 그 오랜 한 가지의 소원
별빛에 실어 띄웠어요

산수유 꽃나락

봄이 와도 아직은 다 봄이 아닌 날
지난 겨우내 안으로 안으로만 모아둔 햇살
폭죽처럼 터뜨리며 피어난
노란 산수유꽃 널 보며 마음 처연하다
가을날의 들판에 툭툭 불거진 가재눈 같은
시름 많은 이 나라 햇나락

봄이 와도 다 봄이 아닌 날
산자락에 들녘에 어느 어느 이웃집 마당 한켠
추수 무렵 넋놓은 논배미의 살풍경 같은
햇나락 같은 노란 네 꽃 열매
그리 붉어도 시큼한 까닭
알겠어 산수유꽃

제 4 부

흰빛에 갇혀

새와 나와 저 산 그 어느
강 너머의 산국

오랜 죽음의 병을 앓는 이의 다리를
만져보았는가 새,
지상을 박차고 내 이 무거운 하늘을 푸르릉,
날아오르는 새, 뼈만 남은 새다리 같던 사람
그 어디에서 새는 불쑥 걸어나와 겹쳐지며
날갯짓을 해댔을까 이제 다시 그이는
두 발을 딛고 햇빛 속으로 살아
나갈 수 없는데 아 그때
푸른 소나무숲에서 일어난 불꽃들이 화르릉
소리지르며 타오르던 새의 장엄한 비상
태양의 하늘 어디에는 바람을 타고 자유로울
그의 새가 있겠으나

밤이 깊다 나 아직 이 산속에 남아 있다
창백하게 푸르도록 그믐달이,
시리다 그 시린 달이 감나무 가지
그래 꼭 그 새다리처럼 앙상한 감나무 가지

이제 잎새들 하나 남아 있지 않는
이 가을나무 끝에 위태로이 흔들리며 뒷산
모악의 검은 산능선에 잠겨 쓰러져가는데
저 산 그 어느 강 너머
너는 있겠다 산국 같은 향기로 피어난
네가 있겠다

분열증세

푸른 별을 세던 밤이 있었는가

거울 앞에 섰는데 분명 낯선 얼굴 하나

딱 정확하게 깨졌는데 비명소리가 고통스럽지 않는
데

깨인 꿈도 그러할까 조각난 찢어진 만신창이의 누가
있는데

별들은 붉은 것인가 뚝뚝 떨어지는 하나 둘 별들이
지는가

흰빛에 갇혀

혼자였나 옆이었나 그때 누가 있었는가

혼자였지 보이지 않는데 거대한 흰빛에 갇혀

혼자였나 숲이었지 흰 숲 흰 나무 흰 흰 푸른 새는
죽었는가

혼자였지 흰 산이었는데 혼자였는데 저 앞이었나 흰
벼랑 뒤였나

혼자였나 흰 길 끝이었는데 갈 길 없는 어쩌지도 죽
지도 못한 채

죽음에 대해 이야기하련다

이제 죽음에 대해 이야기하련다. 문득 누가 그랬더라 그러나 죽음에 대해 말하련다. 때가 되었다는 것은 아니나, 명멸하던 목숨에 이른 것은 아니나, 막가는 시절에 어쩔 수 없어 막가겠다는 것은 아니나, 죽음에 대해 말하련다. 삶의 이전에 대해서, 삶의 불꽃에 대해서, 삶의 이후에 대해서, 장렬하고 비장한 죽음이 아니라, 한 사람이 태어나고 한 사람이 죽었다는 너무나 생생한데, 사랑이 내게 오고 사랑이 떠났을 때의 …… 시시하고 흔해빠진 일인가. 엄청난 그 거역할 수 없는 그때 나, 악몽 같은 죽음의 문에 넋 나갔는데 꿈이었나.

멀리 있는 것이 마음에
자리잡으면

아니다. 나는 그렇지 않아 멀리 있는 것이 마음에 자리잡으면, 이윽고 깊어지면, 무너져갈 뿐 아름다운 빛은 되어가지 않는다. 봄날의 꽃들 피어나고 작은 새들 저마다의 보금자리를 위하여 둥지를 틀어갈 때 눈 들어 보면, 세상의 모든 것들 어쩌자고 마음에 닿지 않는 것 없어, 하염없다. 하염없다. 눈물난다. 눈물난다.

모든 자살은 용기가 있다

눈물나더군. 더럽게도 아름답더군. 거기에 정말 숨어 있었는지. 쏟아놓았는지. 새싹들 솟아서 하루가 다르게 그늘을 드리워가는지. 꽃 피워가는지. 죽음의 문에 가까이 가면 그때마다 세상은 더럽게도 아름답더군. 눈물나더군. 어쩌면 저 작은 벌레 작은 새 저 작은 풀꽃들에 이르기까지 가만, 내게도 불새의 춤으로 화르릉 타오르던 시절이 있었던가. 생각나지 않는지 몰라. 여태도 살아왔단 말인가. 정녕 그렇단 말인가. 으아—— 무너진다 너는 자살할 용기도 없다 발악해 봐 악악 악쓰고 있다 비참하게도 아직 숨, 붙어 있다.

새벽 산빛이 일어

밤산 밤강 밤들 잠든 나무 잠든 집 잠든 새

새벽빛으로 깨어난다

어둠에 잠긴 풀꽃들 꽃잎 벙그는 소리

애기똥풀을 인동꽃을 때죽나무 그 하얀 꽃잠을

비로소 쇠락한 산길을 풀어놓는다

맑은 입김을 피워올리는 개울

푸른 새벽이 풀어놓은 산길

나 밤새 이슬을 헤치며 칠흑 산속 헤매었는데

바람 거센 산 위에 올라

우우 짐승의 울음으로 목이 메었는데

그렇다면 죽였는가

기억에도 없다. 나 언제 오르막을 숨가삐 달려왔었
는가. 밤차의 유리창에 퍽퍽, 절명의 날벌레 뿌옇게
눈을 흐리는데, 가리는데, 나, 언제 유리벽이 되어 달
려왔었는가. 달려왔는가. 이렇게도 가야 할 앞길, 눈
이 침침한데 그렇다면 내가 달려왔었는가.

유서의 밤

　어제의 유서는 다시 불태워졌다. 유서를 써보았는가. 세상을 껴안는 유서를 쓰던 밤이 있었다. 그때 불면의 시절 청년의 밤이 있었는데 후우, 날마다의 목숨을 새로이 얻던 그랬었는데, 까마득히, 잊고 있었는데 망설임 없이 유서가 씌어졌다. 구겨져 재로 남을 것이므로 그렇게 망설임이 없었던가. 끝내는 망설이리라. 그리하여 나의 삶은 한줄, 유서가 되지 못하리라.

지친 어깨 위에 작은 별

밤 깊어 집으로 돌아가는 길섶에는 저 높은 하늘의 작은 별들 동무 삼아주려는지, 지상으로 내려왔는지, 연록빛, 참 곱기도 고운 빛 뿌리며 밤길 훤히 밝혀줍니다. 반딧불 말이어요. 여기는 가시덤불이고요. 여기는 허방이에요. 낮은 어깨 위로 날아오르며 힘내요. 힘내요. 혼자가 아니예요.

지난 겨울 별똥별들 무척이나 떨어져내렸었는데……

제 5 부

슬픔도 없이

청산의 소리 못 듣는다

그 산에 갔습니다. 아낌없이 수맥을 열어 변함없는 샘물 내게 주었습니다. 새들은 깃들여 둥지를 틀고 푸르릉 날아오르며 노랫소리 멈추지 않았습니다. 그 산, 그늘 깊은 소나무숲 속 맑은 강물소리 부려놓는 푸른 바람의 춤, 꿈결처럼 아늑했습니다. 그 숲에 들면 비로소 나, 젖을 물던 먼 어린 품으로 돌아가, 고요했습니다.

오랜 날도 아니었습니다. 지금은 없는 그 산 아파트 숲이 들어선 저기 바로 이 자리에서 들리던 어젯밤 꿈 속 청산의 신음성 그 까마득한 비명.

슬픔도 없이

한때 나는 의연했었다. 신령스러웠지. 바람을 잠재
우며 숲의 고요를 피워내고 무지개를 드리운 개울의
생명수와 등 따듯한 어미의 쉴 곳 주었으나, 이제 나
는 온갖 쓰레기와 쓰레기와 또한 쓰레기더미와 시멘트
건물과 허리와 가슴과 팔다리를 자르는 아스팔트 도로
와

꿈도 없어, 이제 나는 몇 그루의 나무와 몇 포기의
풀과 몇 마리의 산새와 곤충들 다람쥐 몇 마리 잠재울
수 있을 뿐, 그 많은 노래가 뛰어놀던 나의 그늘, 이
젠 밤이 와도 불러줄 자장가가 없어. 다시 나는 더이
상 품안을 떠나갈, 그리움이 없어, 정말이지 이제는,
슬픔도 없어.

평   야

   동진을 지나고 만경강을 건넌다. 저 들녘, 평야는
너르다만 푸르기는 푸르다만 그 길, 평야의 옛날은 푸
르렀겠느냐. 삐비꽃 삐비꽃, 바람머리 눈발처럼 푸는
김제 만경 너른 평야 지평선의 국도를 달리면 컥컥 염
천의 길, 언제부터인지 소복 입은 늙은 여자, 절뚝거
리며 따라온다. 우우, 땅을 치며 쓰러지며 소리치며
기어온다.

꿈같은 꿈같은

일터에서 돌아오는 낭군을 위해 들녘에 나가 나물을
캐고 봄쑥이며 냉이 씀바귀 나물무침이며 된장을 풀어
보글보글 뚝배기에 된장국을 끓이고 불을 때어 저녁밥
을 짓고 아! 그런 다소곳하고도 아미 고운 조선 색시
다시는 없겠지요.

가르마 같은 논밭길을 걸어오며 모락모락 멀리 밥짓
는 저녁 연기 바라보다 고단한 하루의 일과를 씻은 듯
털어내며 가슴 뿌듯한 행복으로 발걸음 재촉하는 그런
그런 눈매 선한 조선 사내도 다시는 다시는 없겠지요.

바람에 실어

어찌 지내시는가 아침이면 어김없이 떠오르는 하늘
의 해, 지는 노을 저편으로 수줍게 얼굴 내어미는 아
미 고운 달, 그곳에도 무사한지. 올 장마가 길어 지루
할 거라느니 유별나게 무더울 거라느니, 그런가보다,
그런가보다.

흐르는 것은 물만이 아니었지 초복인가 했더니 어느
덧 말복이 찾아들고 입추라니, 가을의 문턱에 들었다
니 아, 그런가보다, 그런가보다. 이곳 모악의 밤도 이
제 서늘한 입김 피워올리니 따듯한 불기가 간절하구
려.

보고 싶구려 내 날마다의 밤 그리움으로 지핀 등 따
듯한 온돌의 기운 바람에 실어 보내노니 어디 한번 받
아보시려나 서리서리 펼쳐보며 이 몸 생각, 한 점 해
주실런가.

서해 겨울 낙조

노을로 물드는 지는 해를 보러 갔던 것은 아닙니다.
겨울 바다에 나갔습니다. 지난 여름 이 백사장에 밀려
왔던 수많은 사람들의 발자욱들, 밤바다를 거닐던 젊
은 연인들의 밀어들.

파도는 기억하고 있는지. 저 일렁이는 물결의 바위
에 말없이 올라 지는 해를 바라보는 사람들 무슨 소망
이라도 실어 보내는지. 어디까지 밀려갈 것인가

보이지 않는다. 일몰로 수장되는 붉은 해. 이홉들이
소주 한병으로도 겨울 바다는 눈물난다. 파도로 부서
져 우는 밀물의 겨울 저녁이여, 낙조로 지는 쓸쓸한
서해여.

자동응답기

　마당 앞 감나무에는 빠알간 감들이 꽃처럼 매달려 눈물처럼 지고 남은 몇 잎새들과 함께 흔들립니다 술생각, 소주 한잔 하러 나갑니다 잠시 후 삐 소리가 난 후 용건이나 연락처를 말씀하시면 돌아오는 대로 연락드리겠습니다 고맙습니다

　뚜뚜뚜뚜 삐—— 여보세요 철커덕 뚜뚜뚜뚜 삐 시쓰냐 엿먹어라 끊어 뚜뚜뚜뚜 삐——

　산중에 어울리지 않는다지만 기계음이 싫다지만 깊은 밤 돌아와 듣는다 또 듣는다 적막보다 낫다 멀리 소식 없는 사람보다 아무도 없는 것보다……

북산 사내 남강 처녀

저 북쪽 북산으로 떠납니다. 그곳의 겨울산에 하얀 눈 펄펄 쌓여 백두로 솟아 서 있는지. 아 그 북쪽, 북산 숲 곳곳 흰 눈꽃 장엄으로 피고 사냥하는 북산 사내의 두 눈 부리부리하고 어깨 떡벌어졌다는데.

저 남쪽 남강으로 떠납니다. 그곳의 봄강물에 바람으로 진 꽃잎들 붉게 흐르는지. 아 그 남쪽, 남강가 어디 복사꽃 흐드러지게 피고 빨래하는 남강 처녀의 두 볼 복사빛 발그레 풋익고 맘씨 참 곱다는데.

얼크러져라. 첫눈에 눈맞아서 화르륵 불붙거라. 그 사랑이라면 돌인들, 쇠붙이인들, 녹이지 못할 것 없다. 온갖 산천 낯뜨겁도록 뜨겁게 엉겨붙어라. 몇 바탕이고 붙어먹고 천년 만년 살아라.

아름다운 사람이 떠나고 오랜

변한 것은 없었지
사랑이 가버린 날에도 밤은 오고
새들은 은밀한 숲속에 또 그렇듯
저문 날개를 풀어놓겠지

늪을 찾아 떠나야겠어
망각의 늪이라는
그 늪에 빠지고 싶어
잊혀진 채 이미 잊혀진 채
나는 남았는데 나만 남았는데
산 위에 산 아래
길가에 도회의 낯모를 지나는
뒷모습에서 옆모습에서
강에 나가면 흔들리는
흔들리지 않는
수면의 파문에서 아 독약처럼 달고 쓴
절망 같은 소줏잔 속에서

너는 떠나지 않고
너는 보이지 않고

지친 사람

이미 알고 있었으나
기다리는 일은 오지 않는 사람으로 인해
내게 남은 몫이었으므로
그대가 내게 보낸 실핏줄 번져 흐르는 독약
지상에서의 마지막 고통이었으므로
우우우우
우울한 하늘 끝 목 긴 나무의 잎들
길이란 길을 덮어가고 내 발목을 덮는데 깊은데
이제 다시 처마끝에 불 걸어
물소리 바람소리 가는귀 세워야 하나
소원 하나, 거둬주세요 이 완강한 그리움
저를 좀 풀어주세요 네
비참해요 제발 좀 죽음인들요 네

이래도 안 오시겠어요

아른아른 아지랭이가 먼 산들에 피어오르는 이 봄날 겨우내 묵은 기지개를 켜며 일어나는 들녘에 가보아요. 양지쪽마다 마다 새순 곱게 피워올리는 냉이며 달래 씀바귀

한땀 한땀 정성스레 바느질을 하듯 조심스레 캐어 맑은 개울물에 씻고 갖은 양념을 넣었습니다. 한 그릇의 봄나물을 버무릴 때마다 손끝에 피어나는 상큼한 봄의 냄새, 아 ! 생명의 소중함, 푸른 대지의 고마움을 알았습니다.

저는 당신의 삶의 한편에 놓일 상큼한 한 그릇의 봄나물이 되려 합니다. 그 봄나물을 키우는 푸른 대지, 그것은 바로 당신의 힘이라는 점, 아시는지요. 이렇게도 당신을 기다리고 있습니다.

절망의 노래가 아니다

길이 없어서 가지 않은 것은 아니다
세상의 흐르는 강물 바다로
바다에로 흐르기를 꿈꾸며 혹은
멈추며 달려갈 때에
뒤돌아 멀어지던 날 가슴 한귀퉁이
미어지던 눈물 없었던 것은 아니다

길이 있어서 돌아선 건 아니다
그토록 다가설 수 없는가
오래도록 그대 오지 않았으므로
부서진 뼈마디 끌어안고 서로의 어깨 둘러메는
전사들의 노래 잊어버린 것은 아니다

사랑을 버린 것은 아니다
모르리라 그 절절한 사랑
절망으로 인해 내가 죽을 사랑은

고향 바다 칠산 바다

서해로 온다. 버림받고 썩어갈 것들 뻘밭에 밀려와 쓰러진다. 쓰러져 운다. 울며 썩어간다. 열류에 뜬 구정물의 바다 고기들 오지 않고 배들은 닻을 내린 지 벌써 오래인데, 원자력은 여전히 우리의 밝은 이웃이고 참 시원하네요 푸른 하늘 맑은 물 여기에 깨끗한 에너지의 원천이 있습니다. 원자력산업회의 포스터엔 갈매기 드높이 나는 푸른 바다 푸른 하늘이 꿈같이 펼쳐 있는데 동화 속의 궁전 같은 원자력발전소 둥근 돔 그곳에 살고도 싶은데.

굽이치지 못해 술렁인다. 술렁거린다. 뻘밭마다 켜켜이 쌓여 잠들지 못할 오랜 한숨들의 수렁 깊은 썩을 목숨으로 비틀거림으로 울리라, 썩어져 울리라. 머지않아 생피를 쏟으며 육자배기 육자배기 엎어지고 자빠지며 어질머리 푹, 고꾸라지며.

선암사에서 시 쓰기

선암사에 갔습니다. 구례를 지나 산동을 지나 조계산 선암사 가는 길가엔 봄날의 햇살을 터뜨리면 저러할까 노오란 산수유꽃빛 처연해 보입니다. 문득 가까이 혹은 멀리 여기저기 산자락에 희고 연붉은 매화꽃, 사태처럼 피어나서 차창을 열지 않아도 파르릉거리며 매화 향내 날아든 것 같습니다. 눈에 보이는 꽃빛에 따라서 들고 일어나는 마음이 변덕을 부리는 것을 보며 씁쓸한 자조가 파문져왔습니다.

산문에 들었습니다. 봄날 기지개를 켜며 깨어나는 산빛 쇠락한 풍경, 언제 가보아도 눈에 띄게 화려하지도 웅장하여 주눅이 들게 하지도 않는 선암사는 한폭 담담한 수묵화 같아서 그때마다 가만히 고개 숙여집니다.

고답스런 산사 그 한편을 스르릉 열고 지허 스님이 차를 우려내시며 건네는 말씀, 어려운 시를 쓰느냐고

시는 참 어렵더라고, 스님들 중에도 더러 시를 쓰는
이들을 보았는데 선방에 들어 참선을 하시다가도 불쑥
불쑥 일어나 시상이 떠올랐다며 지대방으로 나가시는
걸 보았다고 한 이십년 참선을 하며 기다렸다가 시를
써보면 어쩔까 하시는 말씀, 그 말씀 나를 일러 가리
킨 것은 아니었을지라도 참 부끄럽고 부끄러운 그야말
로 할!이었습니다. 언제 다시 선암사에 가서 스님의
그 말씀 몸서리쳐질 때까지 살아볼 일입니다.

아니 그만도 못하다

　겨울, 햇빛의 한 틈을 향하여 푸른 풀이 살고 있다. 추녀끝 돌 새를 비집고 저것, 하고많은 자리중에 이 비좁은 곳이라니, 따듯한 봄 여름 다 두고 추위에 떨며 싹을 틔웠을까. 저들도 세상 사는 일이 뜻대로 풀려지지 않는 것인지. 함께 살던 세상의 일 옛날이 되어 길을 잃은 지 오래인데 자꾸 눈에 아물거리는 개미자리, 작은 풀을 보며 나도 저와 같으려니 여겼다.

눈물의 빛

최　영　미

그 숲에 새를 묻지 못한 사람이 있었다. 그 숲을 따라 헤매며 나도 무언가를 묻고 싶었다.

최　저…… 죽을 죄를 지었는데…… 용서해주시겠어요?

박　죄라니, 무슨……

최　글을, 발문을 못 쓰겠어요. 아니, 안 써져요. 요즘 일기도 안되고…… 도저히 문장을 만들 힘이 없네요.

박　아, 그러면 안되는데. 최영미씨 발문을 꼭 받아야 되는데. 그럼, 문장을 만들지 않으면 되죠. 발문이라고 꼭 어떤 틀에 매일 필요는 없잖아요. 그냥 제 시를 보고 느끼신 대로, 아니면 그냥 못 쓰겠다고라도…… 그 이야기를 한두 줄로 써주셔도 돼요.

최　제가 느낀 건…… 뭐냐면…… 아, 여기 또 한 인간이 과거 속에 집을 짓고 있구나, 그런 거였어요. 저도 집을 짓고 있지만 박남준씨가 짓는 집하고 달라서…… 우리는 서로 소통이 불가능하죠. 박남준씨를 이해하려면 차라리 집을 짓고 있지 않은 사람이 더 나을 텐데……

박 아니요. 지금 바로 저를 꿰뚫어보셨어요.

최 그 단단한 굴 속을 그렇게 계속 파들어가면 편안한가요? 나오고 싶지 않으세요?

박 아니요, 전 더 깊이 들어갈 거예요.

최 그―래―요. 지겨울 텐데…… 권태를 느끼신 적은 없나요?

박 돌아가면 무엇이 있을·거라는 그 따분한 호기심, 그 따분한 희망, 매번 속거든요.

최 그런데, 박남준씨. 너무 슬퍼하시는 것 같아요. 제가 이번 시집 전체에서 ‘눈물’ ‘슬픔’ ‘울다’라는 말들이 몇 번 나오는가 세어봤는데, 세다 그만 지쳤어요.

박 제가 시를 쓴 지 15년 되는데 제 시의 주조가 되어온 것은 ‘슬픔도 힘이 된다’라는 거였지요. 그렇다고 내가 그 슬픔의 힘을 믿는 것은 아닌데…… 내가 아직 슬픔이 남아 있어서 살아가고 있구나, 가끔씩 그런 생각이 들지요.

최 그게 박남준씨의 살아가는 이유예요?

박 그게 이유는 아닌데…… 산에서 가끔씩 아침에 일어나 막 소리질러요. 악써요. 나, 아직, 살아 있다고. 그래도 아직 우리에게 사계가 남아 있다는 게 좋지 않아요?

최 어느 계절이 가장 좋나요?

박 가을은 쓸쓸하고, 겨울은 눈물겹고, 봄은 서럽고, 그리고 여름은 권태롭고……

최 그런데 정말 하나 알고 싶은 게 있어요. 도대체 뭘 먹고 살아요? 어디 직장이 있는 것도 아니고, 그 산꼭대기 무당집 같은 데서 혼자된 짐승처럼 지내시니…… 무섭지 않으세요?

박　뭐, 그냥 살아요. 쌀 떨어지면 굶고, 가끔씩 친구들
도 찾아오고.

최　날마다 술 먹죠? 청승맞게.

박　그게, 저, 밤에 혼자 있으면 이제까지 살아온 날들
이 마악 지나갈 때가 있어요. 그러면 견딜 수가 없어서,
미칠 것만 같아서, 내려가 사람들하고 술 마셔요.

최　전화 오래 했네요. 그만 자야겠어요. 아무튼 난 박
남준씨 시 때문에 가을을 몽땅 저당잡힌 꼴이 돼버렸으
니……내 가을 어서 내놔요.

박　저는, 그럼 계속 전당포 할래요.

최　이만 끊어야겠어요. 잘 있어요.

박　제가 서울 한번 갈까요?

최　그러세요.

　내가 박남준의 시를 처음 읽은 것은 지금으로부터 2년
전쯤 전주의 어느 허름한 술집, 냄새나는 화장실 안에서였
다. 민족문학작가회의 지역순회 시 낭송회를 마친 뒤 떠들
썩한 뒤풀이 자리였던 걸로 기억한다. 그 무렵 나는 소위
문단이라는 데에 처음 고개를 내밀고 늦깎이 특유의 배짱
으로 심심하면 아무 자리나 기웃기웃할 때였다. 어디를 가
도 아는 얼굴보다 모르는 얼굴이 더 많았고, 그래서 그 익
명성 뒤에 숨어서 모처럼 몸과 마음을 다 풀어놓고 개기
던, 정말로 대책없던 시절이었다. 박남준도 그날 밤 몇번
인가 자리를 옮기며 헤쳤다 모이곤 하던 술상 너머로 처음
대면했었다.

　언뜻 인사한 뒤 언뜻 잊어버린 수많은 사람 가운데 하나
이던 그가 내 레이다망에 잡힌 것은 바로 그 요상한 노랫

가락 때문이었다. "당신은 무슨 일로 그리합니까, 홀로이 개여울에 주저앉아서……" 시끌벅적하던 장내가 문득 조용해지고 모두의 시선이 노래의 진원지에 가 꽂혔다. 거기 그가 있었다. 새하얀 피부에 색시처럼 곱게 생긴 동안의 남자가 한복 저고리 차림으로 꼿꼿이 앉아 노래를 부르고 있었다. 아니, 노래라기보다는 차라리 피를 토하고 있었다. 고백하건대 순간 나는 그에게, 그의 노래에 반했었다. 이제까지 살면서 나는 그처럼 몸의 깊은 곳에서 울려나오는 처절한, 오간장을 한데 녹여 무쳐버릴 것 같은 소리를 들은 적이 없다. 이건 거의 예술이로군, 감탄한 동시에 나는 본능적으로 위험을 감지했다. '아, 이 인간이 여자깨나 홀렸겠군. 순진한 사람 많이 잡았겠군.'

노래는 곧 끝났고, 나는 잠시 그에게 빼앗겼던 넋을 되찾았다. 그리고 화장실을 갔는데 거기 웬 시집이 끈에 매달려 대롱대롱 모셔져 있는 게 아닌가. 아마 그 술집 주인 마담도 인간 박남준한테 홀렸던가보다. 이미 취할 대로 취한 몸으로 나는 어두운 화장실 바닥에 쭈그려앉아 『풀여치의 노래』라는 제목이 붙여진 시집을 뒤적거렸다.

　　그리움의 종이배 접어
　　백날이고 천날 흰 종이배 접어 띄우면
　　당신의 그 바다에 닿을까요
　　먼 바람결로도 꿈결로도 오지 않는
　　아득한 당신의 그 바다에 닿을까요.
　　　　　　　　　——「흰 종이배 접어」부분

취중인지라 대충대충 읽어 그랬겠지만 그의 시는 노래만

큼 강렬하지도 좋지도 않았다. 소월의 「개여울」처럼 강가
에 홀로 앉아 하염없이 떠난 임을 그리는 이의 순정이 간
절하게 전해지기는 했지만 너무 여리고 감상적이라는 느낌
이었다. 한마디로 내 취향이 아니었던 것이다. 지금도 그
렇지만 나는 내 취향이 아니면, 시시하다고, 간단히 무시
해버리는 나쁜 버릇이 있다. 해서 나는 책장을 덮었고 화
장실에서 일어났다. 그리곤 그를, 박남준이란 시인이 저
전주 바닥 모처에 존재한다는 사실을 까맣게 잊고 지냈다.
간간이 그가 좀 심하게 떠돌아 다닌다는 소문도 듣고 문학
동네 이 구석 저 구석에서 몇번인가 오며가며 부딪히기는
했다. 그러나 정색을 하고 만나 얘기를 나눌 기회는 거의
없었다.

올 추석 무렵이었던가. 아는 선배 언니한테서 전화가 걸
려왔다. 그녀는 내게 다짜고짜로 박남준이라는 시인을 아
느냐고 물었다. 『창작과비평』 가을호에 기가 막힌 시가 실
렸다는 거였다. 나는 전화로 좀 읽어달라고 청했다.

나 오래 침엽의 숲에 있었다.

건드리기만 해도 감각을 곤두세운 숲의 긴장이 비명을
지르며 전해오고는 했지. 욕망이 다한 폐허를 택해 숲의
입구에 무릎 꿇고 엎드렸던 시절을 생각한다. 한때 나의
유년을 비상했던 새는 아직 멀리 묻어둘 수 없어서 가슴
어디께의 빈 무덤으로 잊지 않았는데

숲을 헤매는 동안 지상의 슬픈 언어들과 함께 잔인한

비밀은 늘어만 갔지. 우울한 시간이 일상을 차지했고 빛
으로 나아갔던 옛날을 스스로 가두었으므로 이끼들은,
숨어 살아가는 것이라 여겼다. 새를 묻지 못한 사람이
포자의 눈물 같은 습막을 두르고 숲의 어둠을 떠다니고
있다.
　　　　──「그 숲에 새를 묻지 못한 사람이 있다」 전문

나는 깜짝 놀랐다. 질투를 느낄 만큼 잘 쓴, 훔치고 싶
은 시였다. 박남준이, 그가 언제 이렇게 자신을 깊이 들여
다보고 있었던가. 나는 당장 서점에 나가서 『창작과비평』
가을호를 사들고 들어왔다. 그리고 거기 박남준의 이름으
로 실린 세 편의 시들을 손으로 한 구절 한 구절 짚어가며
음미했다.

　먼산은 언제나 길 밖의 발길로 떠돌았으므로 상여처럼
돌아가는 길가, 등뼈 깊이 봄날이 사무쳐서 어지러운데,
두 눈에 장막은 일어 몸, 휘청이는데 얼마 만인가 마당
가득 풀들은 어느새 저토록 자라났는지, 나 먼길 떠나고
사람 손길 닿지 않으면 이내 저 풀들, 어두운 내 방 방
구들에도 솟아나겠지.
　　　　　　　　──「가슴에 병이 깊으면」 부분

그래, 정말 어느새? 날마다 겨울 포구에 나가 앉아 눈
물짓던 홍안의 소년이 어느새 "욕망이 다한 폐허"를 아는
어른이 되었던가. 그래서 어느새 "등뼈 깊이 봄날이 사무
쳐서 어지러운" 중년의 사내로 폭삭 늙어버렸단 말인가.
아무래도 믿기지 않은 나는 기어이 창비 편집부에 전화를

걸어 이 박남준이 내가 아는 전주의 그 박남준인가를 확인하는 웃지 못할 사태까지 연출했다. 내게 그는 시인이라기보다 소월의 노래를 죽여주게 잘 부르는 소리꾼으로 정리되어 있던 탓에 내가 체감하는 충격은 더 컸으리라.

그렇다면 과연 그 박남준에서 이 박남준에 이르기까지, 무슨 일이 일어난 걸까? 어떻게 그의 시가 그의 노래를 넘어설 수 있었을까. 시집 『풀여치의 노래』(1992)를 비롯해 이전에 그가 쓴 모든 시들과 최근작 「그 숲에 새를 묻지 못한 사람이 있다」를 비교해보자. 가장 두드러진 형식상의 변화는 우선 어미 사용에서 찾아볼 수 있다. 즉 '~했습니다' '~했지요'의 여성적 어미에서 '~했다' '~했지'의 보다 남성적인 어미로의 이행이다. 또한 이와 병행하여 예전에는 다소 느슨하게 이어졌던 단어와 단어, 문장과 문장, 행과 행 사이에 틈이 벌어져, 그 불연속성으로 말미암아 시에 속도감과 긴장이 더해졌다. 그가 묶어놓은 말들의 의미망 사이에 틈이 커질수록 시 전체는, 역설적으로, 꽉 차 있다는 인상을 주게 된다. 그의 근작시를 읽으며 내가, 나의 눈이 받았던 최초의 충격은 주로 이런 형식적인 차원의 것이었다. 박남준의 시가 이렇게 모던해지다니! 별명이 '전라북도 예술가'라는 그가 이제 그 청승맞은 한복 저고리를 벗어던지고 세련된 양복으로 갈아입은 걸까. 그러나 시의 밀도는 언어의 밀도이기 이전에 시인 자신의 삶의 밀도이다. 그것은 감각의 밀도이며 습관의 밀도이며 술주정의 밀도이며, 나아가 세계관의 밀도이다.

박남준의 시에 일어난 좀더 근본적인 변화는 시인의 자아를 드러내는 방식에서 찾아야 할 것이다. 첫시집 『세상의 길가에 나무가 되어』(1990)와 두번째 시집 『풀여치의 노래』 그리고 최근의 『그 숲에 새를 묻지 못한 사람이 있다』를 관통해 박남준 시를 지배하는 주된 정서는 슬픔이다. '눈물' '웃음' '슬픔' 같은 원색적인 언어들이 그의 시집 전체를 흥건히 적시고 있다. 그러나 과거에는 시인이 먼저 너무 울어버려 시가 울지 않았다면, 그는 이제 터져나오는 눈물을 다스려 시로 묻는 법을 터득한 듯하다. 김수영의 표현대로 그는 바야흐로 자신을, 자기 시를 '개관하는' 경지에 이른 걸까. 잘 모르겠다. 다만 짐작건대, 그를 슬프게 하고 절망케 하고 헤매게 만드는 것이 시 이전의 것이듯 저 깊이를 가늠할 수 없는 캄캄한 숲의 어둠을 직시하는 방법도 시의 바깥에서 찾았을 것이다.

지금, 이곳에서, 그가 그리고 내가 기댈 곳은 어디인가. 공허한 전망도 아니요, 그렇다고 아프다고 마냥 누워 엄살 떠는 것도 아니요, 그저 누추한 자신이 투명하게 들여다뵈질 때까지 오래도록 응시하는 것, 어쩌면 거기서부터 새로운 길이 열릴지도 모른다. "욕망이 다한 폐허"에서 일어나 다시 빛으로 나아가는 길이……

후   기

길로 나아갔다. 길을 잃고 헤매었으며 가두지 않았으나 스스로 자라난 막막한 그리움이 나를 가두었고 거기, 세상과 그 세상의 그늘 언저리에 들어서지 못하고 떠도는 자의 슬픔이 업처럼 드리웠다.

나는 이 시집이 어쩔 수 없는 슬픔의 무게를 가진 세상의 한편에 쓸쓸하게 다가갔으면 한다.

오래 머물렀다. 이제 떠나갈 수 있을까. 영혼이 나가면 몸이 비로소 대지의 삶을 얻듯이 산중, 이 외딴 집도 무너져가겠다. 오래지 않아 병든 사내의 슬픔도 잊혀져갈 것이고.

4328년 초가을 모악산에서

박   남   준

창비시선 138

그 숲에 새를 묻지 못한 사람이 있다

초판 1쇄 발행/1995년 10월 25일
초판 13쇄 발행/2024년 12월 4일

지은이/박남준
펴낸이/염종선
펴낸곳/(주)창비
등록/1986년 8월 5일 제85호
주소/10881 경기도 파주시 회동길 184
전화/031-955-3333
팩시밀리/영업 031-955-3399 편집 031-955-3400
홈페이지/www.changbi.com
전자우편/lit@changbi.com

ⓒ 박남준 1995
ISBN 978-89-364-2138-0 03810